HOMMAGE

A

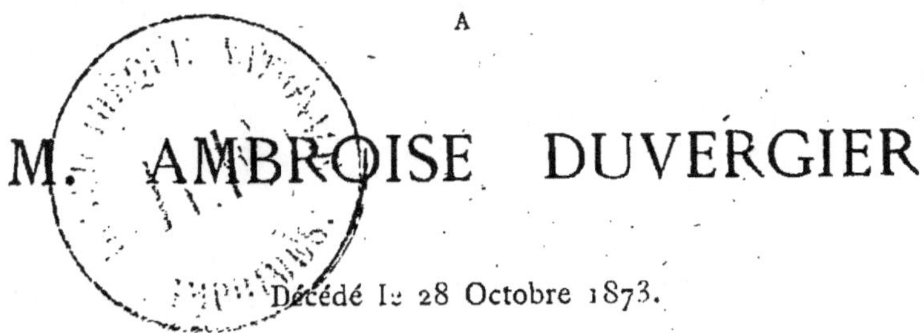

M. AMBROISE DUVERGIER

Décédé le 28 Octobre 1873.

———

Au rédacteur du COURRIER DE LA GIRONDE.

Bordeaux, 29 janvier 1874.

MONSIEUR,

Je viens vous prier de donner place, dans votre estimable journal, au récit fort succinct d'une touchante cérémonie dont j'ai été le témoin très-justement ému.

Dimanche dernier, 25 janvier, au cimetière de la Chartreuse, un groupe d'hommes recueillis entouraient pieusement une tombe.

C'était la Société de Secours Mutuels de Saint-Rémy, représentée par son Bureau et par un certain nombre de Sociétaires, qui venait déposer sur cette tombe une couronne avec la légende suivante : « *Souvenir de reconnaissance, la Société de Saint-Rémy à la mémoire de M. Ambroise Duvergier.* »

Je compris bien vite que cette manifestation, dictée par un sentiment honorable et digne entre tous, était un hommage juste et bien senti rendu à la mémoire d'un homme de cœur et d'intelligence.

Le recueillement de ces hommes, réunis en un faisceau fraternel par le précepte du secours mutuel, est une preuve que le peuple est bon et reconnaissant envers ceux qui l'aiment et qui ne le trompent ni ne le dédaignent, et que, pour ceux-ci, donner beaucoup et bien, c'est, au point de vue moral, augmenter son avoir.

M. Bourdaleix, le Président de cette Société de Secours Mutuels, voudra bien me pardonner la violence que je fais ici à sa modestie, en demandant la publicité pour le discours sobre et bien fait qu'il a prononcé d'une voix émue et pénétrée, et dans lequel il a exprimé, avec des accents partis du cœur, le sentiment dont tous les Sociétaires et lui-même étaient animés en face de la tombe de M. Ambroise Duvergier, cet éminent homme de bien:

Veuillez agréer, Monsieur, l'assurance de ma considération la plus distinguée.

I. Elu.

« Quelques mots, Messieurs, avant de quitter ce champ du repos, cet asile sacré de la mort, où quelques-uns de nous ont déjà, peut-être, de cruels souvenirs.

» Je viens, Messieurs et chers Confrères, tout en reconnaissant mon insuffisance à peindre une carrière si longue et si bien remplie, vous dire quel est l'homme dont les restes mortels et inanimés reposent dans cette tombe, et quelle fut la vie de celui dont nous venons, en ce moment, vénérer la mémoire.

» Ambroise Duvergier, qui descendait d'une de nos plus anciennes et plus honorables familles de la Gironde, embrassa de bonne heure la carrière commerciale, qu'il a honorablement parcourue, et dans laquelle il a laissé les meilleurs souvenirs.

» Doué naturellement d'une intelligence et d'un bon sens remarquables, que fortifièrent et développèrent de bonnes et consolantes études, il fut bientôt appelé au Tribunal de commerce de Bordeaux, où il se fit distinguer par son savoir, son intégrité et la rectitude de son jugement.

» Ses connaissances variées l'emmenèrent également au Conseil général de la Gironde, et là, comme au Tribunal de commerce, il se fit remarquer par ses aptitudes vraiment extraordinaires.

» Il fut aussi l'un des plus ardents champions du Libre échange, et Bordeaux se rappelle toujours le concours efficace qu'il y a apporté.,

» Il fut enfin, par sa notabilité, nommé Président du Conseil de fabrique de Saint-Martial.

» Mais plus tard, frappé dans ses plus chères affections par la perte successive de ses deux filles, perte bien cruelle mais qu'il supporta avec une résignation chrétienne, il rentra dans la solitude. C'est là que, depuis lors, on l'a vu tel qu'il était, c'est-à-dire bon, affectueux, charitable et toujours prêt à ouvrir son cœur et sa main à l'indigent.

» A Bordeaux comme à Floirac, il était membre de plusieurs Sociétés de Secours.

» Il fut, Messieurs, le modèle de toutes les vertus; la Providence l'avait assis au foyer de la fortune, et s'il ne connut pas, comme nous, les rudes fatigues du jour, il sut du moins s'associer à nos souffrances, à nos besoins. Il donnait et donnait beaucoup. D'un commerce facile, doux, affable pour tous ceux qui l'approchaient, on ne le trouva jamais sourd aux œuvres de bienfaisance.

» Comme Benjamin Franklin, dont on nous parle souvent et qu'on nous donne avec raison pour modèle, il se demandait le matin le bien qu'il pourrait faire, et le soir, le bien qu'il avait réalisé dans la journée.

» Il ne voyait dans ceux qui l'entouraient, que des hommes ayant les mêmes droits que lui et ne se dissimulait pas les devoirs que lui imposait sa position.

» Ah! si tous ceux qui peuvent être au-dessus de nous par leur position sociale, si tous ceux qui ne connaissent ni les souffrances, ni les misères avaient les vertus et les qualités de M. Ambroise Duvergier, que de rivalités disparaîtraient, que de haines cesseraient!

» Voilà, bien imparfaitement et en peu de mots, la vie de celui qui fut membre honoraire de la Société de Saint-Rémy.

» Dans une circonstance semblable, je vous disais, Messieurs, qu'il ne restait de nous, ici-bas, que le souvenir du bien que nous avions pu faire ; eh bien ! quand la mort au printemps, comme au déclin de la vie, sans nul souci des biens qui nous sont chers, viendra nous coucher dans la tombe, ayons au moins cette consolation que dut éprouver ce vertueux vieillard, quand, après de cruelles souffrances, il sentit la mort venir : le souvenir du bien que nous avons pratiqué sur la terre, chacun suivant nos moyens.

» Que cette couronne, Messieurs, que nous venons déposer sur la tombe de notre regretté membre honoraire, soit pour sa veuve affligée un adoucissement à ses peines, et, pour ses deux fils, un gage de notre reconnaissance, pour celui qui fut le chef de cette famille, et qui passa toute sa vie à faire le bien »

Imprimerie Adrien Boussin, rue Gouvion, 20